Sebastian Kuschel

Wer verdient eine Straße? - Der Fall Bischof Meiser in Nürnberg

GRIN Verlag

Bibliografische Information der Deutschen Nationalbibliothek:

Die Deutsche Bibliothek verzeichnet diese Publikation in der Deutschen National-
bibliografie; detaillierte bibliografische Daten sind im Internet über http://dnb.d-
nb.de/ abrufbar.

Impressum:

Copyright © 2008 GRIN Verlag GmbH
Druck und Bindung: Books on Demand GmbH, Norderstedt Germany
ISBN: 978-3-640-89586-1

Dieses Buch bei GRIN:

http://www.grin.com/de/e-book/170422/wer-verdient-eine-strasse-der-fall-bischof-
meiser-in-nuernberg

GRIN - Your knowledge has value

Der GRIN Verlag publiziert seit 1998 wissenschaftliche Arbeiten von Studenten, Hochschullehrern und anderen Akademikern als eBook und gedrucktes Buch. Die Verlagswebsite www.grin.com ist die ideale Plattform zur Veröffentlichung von Hausarbeiten, Abschlussarbeiten, wissenschaftlichen Aufsätzen, Dissertationen und Fachbüchern.

Besuchen Sie uns im Internet:

http://www.grin.com/

http://www.facebook.com/grincom

http://www.twitter.com/grin_com

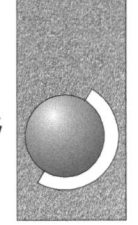

MARTIN-BEHAIM-GYMNASIUM NÜRNBERG
Naturwissenschaftlich-technologisches und Sprachliches Gymnasium

Kollegstufenjahrgang 2006/2008
Facharbeit

aus dem Fach

Sozialkunde / Geschichte

Thema: **Wer verdient eine Straße? - Der Fall Bischof Meiser in Nürnberg**

Verfasser: Sebastian Kuschel

Leistungskurs: Sozialkunde / Geschichte

Kursleiter:

Abgabetermin: 25.01.2008

Erzielte Note: ....   in Worten: ....

Erzielte Punkte: ....   in Worten: ....

....

Unterschrift des Kursleiters

Inhaltsverzeichnis

1 Einleitung

Das Jahr 2006 sollte nach Vorstellung der evangelischen Kirche in Bayern ein Gedenkjahr für den ehemaligen Landesbischof Hans Meiser werden. Die Feier von Hans Meisers 125. Geburtstag war durchaus als Anlass für eine kritische Auseinandersetzung mit der NS-Vergangenheit gedacht. Doch titelte die Lokalzeitung „Nürnberger Nachrichten" schon am 23.04.2006: „Mit [diesem] Gedenkjahr für Hans Meiser hat die evangelische Kirche Schiffbruch erlitten." Was war der Grund für dieses PR-Debakel der evangelischen Kirche? Wie kam es dazu, dass die Diskussion sich weiter ausbreitete, massiv an Intensität zunahm und letztendlich in Nürnberg und anderen Städten um eine Umbenennung der „Bischof-Meiser-Straße" gestritten wurde?

Die Aufgabe dieser Arbeit soll es sein, diese Fragen zu klären und Hintergründe zu erläutern. Hierzu ist es zunächst notwendig, einen Blick auf Meisers Weltbild und die Zeitumstände, in denen er gelebt hat, zu werfen.

2 Wer verdient eine Straße? - Der Fall Bischof Meiser in Nürnberg

2.1 Bischof Meisers Umgang mit dem Dritten Reich

2.1.1 Das Verhalten der evangelischen Kirche im Allgemeinen

Adolf Hitler wollte die Kirchen gleichschalten und in den NS-Staat integrieren. Große Teile der evangelischen Kirchenvorstände befürworteten dieses Ziel, da sie sich vom Nationalsozialismus Hilfe gegen den Marxismus und einen allgemein befürchteten Sittenverfall versprachen. Außerdem war gerade die protestantische Kirche in großen Teilen antisemitisch geprägt und lehnte die Weimarer Republik ab. Viele standen daher Anfang 1933 dem Amtsantritt des neuen Reichskanzlers Hitler durchaus positiv gegenüber. Die Glaubensbewegung „Deutsche Christen" war eine 1932 gegründete Gruppe von Befürwortern, die als innerkirchlicher Teil der NSDAP agierte. Sie war klar sowohl rassistisch als auch antisemitisch geprägt und unterstützte das Führerprinzip, um durch eine Gleichschaltungspolitik die evangelische Kirche an den Nationalsozialismus anzugleichen. Durch Forderungen wie der Einführung des Arierparagraphen in die

Kirchenverfassung, um Christen jüdischer Herkunft auszuschließen, löste sie den sogenannten „Kirchenkampf" mit anderen Gruppierungen der evangelischen Kirche aus.

Die Gegenbewegung „Bekennende Christen" ging 1934 aus dem von den Pfarrern Martin Niemöller, Dietrich Bonhoeffer und anderen im September 1933 gegründeten „Pfarrernotbund" hervor. Sie unterstützte Betroffene, die unter dem Arierparagraphen zu leiden hatten und erklärte dessen Unvereinbarkeit mit dem christlichen Glaubensbekenntnis. Allerdings schworen beide Flügel, die „Deutschen" sowie die „Bekennenden" Christen den Treue- und Gehorsamseid gegenüber Adolf Hitler.[1]

2.1.2 Meisers Weltbild vor 1933

1881 in Nürnberg geboren, erlebte Hans Meiser[2] zunächst eine Zeit, die von einem konservativen gutbürgerlichen Antisemitismus geprägt war. Dabei übernahm auch die evangelische Kirche eine führende Rolle, indem sie zwar grundsätzlich mörderische und destruktive Taten an Juden ablehnte, aber es zugleich als wünschenswert erachtete, auf juristischer Ebene gegen Juden vorzugehen. Hierbei spielten die gängigen Vorurteile von einer jüdischen Überbesetzung im gesellschaftlichen und beruflichen Leben, die „Nichtanpassung" an deutsche Normen, liberale und revolutionäre politische Aktivitäten sowie die Schuldfrage an der Niederlage des Ersten Weltkriegs nach dem November 1918 eine große Rolle. Als Direktor des Nürnberger Predigerseminars veröffentlichte Meiser 1926 einen Aufsatz zum Thema „Die evangelischen Gemeinden und die Judenfrage".[3] Er beklagte sich darin über „die Verjudung unseres Volkes", betrachtete „die Rassenfrage als den Kernpunkt der Judenfrage" und forderte das „Zurückdrängen des jüdischen Geistes im öffentlichen Leben" sowie die „Reinhaltung des deutschen Blutes". Allerdings sprach er sich statt für „Judenpogrome" (also gewaltsame Massenausschreitungen gegen Juden) für eine „Pflicht zur christlichen Nächstenliebe" auch den Juden gegenüber aus und wollte die jüdische Bevölkerung lieber zur kirchlichen Lehre durch „Judenmission" bekehren, was seiner Meinung nach gleichzeitig zu einer „Rassenveredelung" der Juden führen würde.[4] Unabhängig davon, „dass unserem Volk von Juden schon viel Schaden geschehen ist", sah er „alle ernsten Christen förmlich genötigt (...),

sich schützend vor die Juden zu stellen, damit nicht der christliche Name vor aller Welt verunglimpft werde".[5] Meisers Haltung erinnert hier deutlich an die Vorstellungen des jungen Martin Luther, der ebenfalls die Missionierung der Juden
forderte. Erst als klar war, dass diese nicht erfolgreich sein würde, forderte Luther das Pogrom.[6]

2.1.3 Meisers Verhalten als Bischof zwischen 1933 und 1945

Am 4. Mai 1933 wählte die evangelische Synode Hans Meiser zum neuen bayerischen Kirchenpräsidenten, der nun durch ein kirchliches Ermächtigungsge-
setz die Amtsbezeichnung Landesbischof trug und mit sehr umfassenden Voll-
machten gemäß dem Führerprinzip ausgestattet war. Die Amtseinführung am
11. Juni 1933 erfolgte mit großer Beteiligung des Staates, der Stadt und der
NSDAP. Die SA war gekommen, um Spalier zu stehen und deutlich zu machen,
dass der Staat nicht gegen die Kirche sei, sondern auf ihrer Seite stünde. Hans
Meisers Amtshandlungen als Landesbischof hatten zum Ziel, der Kirche mög-
lichst viel Autonomie zu gewährleisten. Er erreichte dies allerdings hauptsäch-
lich dadurch, dass er den nationalsozialistischen Kräften entgegenkam. So ge-
lang es ihm auf einer Sitzung der Landessynode vom 12. bis 14. September
1933 die kirchenpolitischen Bestrebungen der bayerischen Deutschen Christen
zu beschneiden und sie als „volksmissionarische Bewegung" dem lutherischen
Bekenntnis und seiner Führung als Landesbischof zu unterstellen. Er würdigte
dafür im Gegenzug ihre „Verbindung von religiösem und nationalem Erneue-
rungswillen"[7] und billigte ihnen vier von neun Sitzen im Landessynodalaus-
schuss zu. Auf der anderen Seite wiederum wurde der Synode der „Antrag zur
Übernahme des Arierparagraphen für die bayerische Landeskirche" des Vorsitzenden des NSEP (Nationalsozialistischer Evangelischer Pfarrerbund), Friedrich Klein, nicht vorgelegt, da er offensichtlich dazu bewegt werden konnte, seine Eingabe zurückzunehmen. Die Pfarrer hatten wohl Sorge darum, dass die
Einführung des Arierparagraphen einer „evangeliumsfremden Rassenreligion"
die Tür öffnen könnte und letztlich sogar die Schriften des Neuen Testaments
aus der Kirche verschwinden müssten.[8] 1934 unterzeichnete die bayerische
Landeskirche die Barmer Erklärung, die als das theologische Fundament der
Bekennenden Kirche in der Zeit des Nationalsozialismus gilt. Die Barmer The-

sen gelten als mutiger Akt des Widerstands gegen den Nationalsozialismus und sind auch für das evangelische Kirchen- und Kirchenrechtsverständnis von bleibender Bedeutung. So ist zum Beispiel in der fünften These festgelegt:

„Wir verwerfen die falsche Lehre, als solle und könne der Staat über seinen besonderen Auftrag hinaus die einzige und totale Ordnung menschlichen Lebens werden und also auch die Bestimmung der Kirche erfüllen. Wir verwerfen die falsche Lehre, als solle und könne sich die Kirche über ihren besonderen Auftrag hinaus staatliche Art, staatliche Aufgaben und staatliche Würde aneignen und damit selbst zu einem Organ des Staates werden."[9]

Somit wurde Bayern durch die Führung Bischof Meisers zum Vorbild und Halt großer Teile der Bekennenden Kirche. Allerdings wurden vor allem von Seiten des NSEP und den Deutschen Christen Rufe laut, die den Rücktritt oder die Absetzung Meisers forderten. Die „Fränkische Tageszeitung", das Propagandaorgan der fränkischen Gauleitung unter dem Antisemiten Julius Streicher, wurde zum Sprachrohr wütender Angriffe auf Meiser. Schon vor Meisers Amtseinführung, griff ihn Streicher wegen seiner Haltung als „Judenfreund" an.

Der stellvertretende Gauleiter Karl Holz warf ihm am 15. September 1934 unter der Überschrift „Fort mit Landesbischof D. Meiser" vor, „treulos und wortbrüchig zu sein, volksverräterisch gehandelt und die evangelische Kirche in Verruf gebracht zu haben".[10] Er forderte außerdem die „sofortige Entfernung des ... treulosen Landesbischofs D. Meiser" und die alleinige Autorität des Reichsbischofs Ludwig Müller. Zur gleichen Zeit wurden in Nürnberg an allen Plakattafeln rote Plakate aufgehängt, in einer Aufmachung, die sonst von der NSDAP benutzt wurde, mit der Aufschrift: „Fort mit Landesbischof Meiser". Außerdem wurde Holz' Artikel als Flugblatt gedruckt und massenweise in der Stadt verteilt. Erst nachdem alle Blätter verteilt waren, wurde die Verbreitung von der Polizei untersagt. Auch eine Delegation von Nürnberger Pfarrern forderte die Rücknahme des Plakates, worauf Holz entschieden antwortete: „... ganz wenig Pfaffen denken anders; sie werden an der Laterne aufgehängt."[11]

Bereits am 17. September stand ein weiterer in allen Teilen unwahrer Hetzartikel von Holz auf der Titelseite seiner Parteizeitung: „Landesbischof D. Meiser rebelliert! Das evangelische Kirchenvolk fordert seinen Rücktritt". Außerdem ließ er allen Geistlichen ein Flugblatt zukommen, indem er Meiser Gehorsamsverweigerung gegenüber Hitler vorwarf. Eine Kundgebung von Holz auf dem Hauptmarkt, die die Vorwürfe gegenüber Meiser weiter anschüren sollte, wurde bereits am frühen Morgen mit kirchentreuen Männern besetzt unter dem Motto: „Wenn gegen die Kirche geredet wird, wird gesungen: Eine feste Burg ist unser Gott". Nachdem eine Gegenversammlung vom Polizeipräsidenten abgelehnt wurde, entschieden sich die Nürnberger Pfarrer dazu, den Landesbischof „in die Höhle des Löwen einzuladen". Dieser erschien tatsächlich in der Egidienkirche und nahm zu den Vorwürfen Stellung. Als er die Kirche verließ, erklangen „Heil Meiser" Rufe und die Gemeinde sang Choräle. Als die Polizei versuchte die Versammlung aufzulösen, stimmte jemand das Deutschlandlied an, woraufhin alle Polizisten stramm standen und die Lage gerettet war.[12]

Trotzdem wurde am 11. Oktober 1934 der Rechtswalter des Reichsbischofs, August Jäger, nach München gesandt, um die gesamte bayerische Kirchenleitung zu entlassen. Meiser wurde nach einem Gottesdienst in Augsburg, in dem er scharf gegen dieses Vorgehen protestierte, in seiner Dienstwohnung in München gefangen gesetzt. Obwohl die Parteipresse in Nürnberg über die Absetzung Meisers jubelte und versuchte, den Leser für einen fränkischen Landesbischof mit Sitz in Nürnberg zu begeistern, regte sich starker Widerstand. Eine nicht auf das lutherische Bekenntnis begründete, überkonfessionelle Reichskirche mit dem vom NS-Staat eingesetzten Reichsbischof kam für den Großteil der Gläubigen nicht in Frage.

Eine Unterschriftensammlung forderte, dass Meiser in ganz Bayern Bischof bleiben sollte und dass er sofort wieder die Möglichkeit erhalten sollte, seine Amtsgeschäfte zu übernehmen. Da ein offenes Reden von Geistlichen und Gläubigen als erforderlich angesehen wurde, wurden die Pfarrer zusätzlich ermutigt: „Lieber Verhaftung als Schweigen. Dem neuen Kirchenregiment wird jeder Gehorsam verweigert."[13] Außerdem pilgerten tausende Christen aus ganz Bayern mit Sonderzügen nach München, um den festgesetzten Bischof mit ihrem Beistand zu unterstützen. In zahlreichen Kirchen wurden Bitt- und Betgottesdienste abgehalten oder die Altäre mit schwarzen Tüchern verdeckt. Desweiteren gab es in Nürnberg machtvolle Demonstrationen der Kirchenvorsteher. Am 30. Oktober lenkte Hitler ein und empfing die Landesbischöfe von Bayern, Württemberg und Hannover zu einer Aussprache. Schon am 1. November konnten Meiser und der rechtmäßige Kirchenrat ihre Amtsgeschäfte wieder aufnehmen. Bischof Wurm, der damalige Landesbischof von Württemberg, bezeichnete dies später als „einzige innenpolitische Niederlage Hitlers".[14]

Die bayerische Landeskirche hielt an ihrer Ablehnung der offiziellen Einführung des Arierparagraphen in ihre Statuten fest. Am 14. März 1938 erließ die bayerische Landesregierung ein neues Gesetz, das vorsah Geistlichen die Zulassung zur Erteilung des Religionsunterrichtes zu versagen, wenn diese oder deren Ehepartner „nicht deutschen oder artverwandten Blutes..., politisch unzuverlässig oder als Erzieher ungeeignet [sind]".[15] Da bayerische Pfarrer und Vikare verpflichtet waren, Religionsunterricht zu erteilen, konnte so der Arierparagraph quasi indirekt über eine staatliche Verordnung für Bayern doch noch in der Kirche eingeführt werden. Die bayerische Kirchenleitung setzte dieses Gesetz auch sogleich in die Tat um und schloss Pfarrer mit nicht rein arischer Herkunft zum 1.1.1939 vom staatlichen Religionsunterricht aus.

Bischof Meiser unterstützte in der Folgezeit Einrichtungen zur Betreuung nichtarischer Christen in München und Nürnberg, die zum Beispiel durch Hilfestellung bei der Emigration mindestens 126 Menschen vor den Nazis retten konnten. Zur Judenverfolgung selbst aber schwieg Meiser öffentlich, obwohl er von einzelnen Kollegen aufgefordert wurde Stellung zu nehmen. Er war der Meinung, dass öffentlicher Protest sowohl den Juden als auch der eigenen Kirche erheblichen Schaden bereiten würde, und stiller, direkt an die Führung gerichteter Protest wirksamer war. Er legte am 23. Februar 1940 gegen die Ermordung Behinderter persönlich bei Reichsstatthalter von Epp Protest ein, ging aber danach nie mehr öffentlich auf das Thema ein.[16]

2.1.4 Bischof Meiser nach 1945

Nach dem Zweiten Weltkrieg, also ab Mai 1945 wandten sich die Siegermächte Hilfe erbittend an die evangelische Kirche, weil diese sie in den Ermittlungen und den Prozessen gegen die Nazi-Verbrecher unterstützen sollte. Die Kirche nutzte diese Zusammenarbeit teilweise aus, um zum Beispiel Verbrechen von Kirchenanhängern zu rechtfertigen und die Betroffenen zu entlasten oder um Gegner der Kirche bei der alliierten Militärregierung anzuschwärzen und diese verurteilen zu lassen. Die USA baten Landesbischof Meiser in Bayern und weitere Kirchenoberhäupter in anderen Regionen persönlich um Personalvorschläge für höhere Staatsämter. Somit konnten Kirchenmänner in die oberen Ämter des Verwaltungsapparates der jeweiligen Länderregierungen aufsteigen. Desweiteren setzte sich Meiser für die Kriegsverbrecher ein, weshalb sich immer mehr Angeklagte an ihn wandten.[17] Er forderte zusammen mit Kardinal Faulhaber, dass die Militärregierung ehemalige Parteigenossen nicht über einen Kamm scheren solle. Auch bei SS-Männern baten sie um eine „Überprüfung des Einzelfalles und Unterscheidung zwischen freiwilligem und erzwungenem Beitritt".[18] Außerdem äußerten beide Kritik an der Inhaftierung von Bankiers und Industriellen, worunter vor allem ältere Führungskräfte der Wirtschaft und deren Familien zu leiden hätten. Des weiteren kritisierte der von Meiser mitbegründete Rat der Evangelischen Kirche in Deutschland (EKD) britische Christen wegen der geplanten Verschiebung der deutschen Ostgrenze und verglich dieses Vorgehen mit dem Holocaust. Im April 1946 beschwerte sich der in Bayern eingesetzte US-Captain Alfred Pundt über die Evangelisch-Lutherische Kirche. Sie „sabotiere bewusst die Ahndung von Nazi-Verbrechen und Vergehen der evangelischen Pfarrer".[19] Die EKD ließ sich aber nicht beirren und kritisierte das Entnazifizierungsprogramm der Amerikaner, indem sie darauf beharrte, dass „Handlungen und Gesinnungen, die heute verurteilt werden, vom damaligen Gesetzgeber als rechtmäßig und gut eingeschätzt" wurden und von den Angeklagten deshalb eine „Rechtseinsicht verlangt würde, die man nicht erwarten kann".[20] Ende des Monats meldete sich US-Generalleutnant Lucius D. Clay zu Wort, der von der EKD enttäuscht war, da er mehr Unterstützung beim Entnazifizierungsproblem erwartet hatte. Meiser, der immer noch die alleinige Entscheidungsgewalt in der bayerischen Landeskirche innehatte, wehrte sich auch gegen die Militärbehörden, indem er Pfarrer und Kirchenangestellte nicht entließ, die unter die „höchste Entlassungkategorie" fielen. Er begründete dies damit, dass ein „Pfarrernotstand" aufgrund von gefallenen und vermissten Pfarrern herrschte, und er ein Zeichen christlicher Vergebung setzen wollte. Gleichzeitig betonte er im Juli 1946, dass die „Bekennende Kirche", der er mit angehört hat, erheblichen Widerstand gegen den Nationalsozialismus betrieben und für Recht und Gerechtigkeit gekämpft hätte. Kirchenhistoriker wie Carsten Nicolaisen beurteilen Aussagen wie diese circa 50 Jahre später als „peinlich und nicht standhaltend".[21] 1947 unterstützte Meiser sogar Lutz Graf Schwerin von Krosigk, der von 1932 bis 1945 Reichsfinanzminister war und bei den Nürnberger Prozessen als Kriegsverbrecher zu zehn Jahren Haft wegen Plünderung des Eigentums deportierter Juden durch die Finanzämter verurteilt wurde. Er war auch einer der Teilnehmer der Gesprächsrunde im Reichsluftfahrtministerium am 12.09.1938 mit Goebbels und Göring gewesen, bei der weitere Maßnahmen zur Judenverfolgung besprochen worden waren. 1949 versprach Meiser gar ein Gnadengesuch für Krosigk einzureichen. Dieser wurde aufgrund einer Amnestie 1951 tatsächlich aus der Haft entlassen und lebte bis zu seinem Tod in Freiheit.

1948 rechtfertigte Meiser das Verhalten eines evangelisch-lutherischen Pfarrers als „kirchlich einwandfrei", der als Leutnant der Wehrmacht das goldene NSD-AP-Parteiabzeichen „mit Stolz" trug und die durch kirchliche Gegner eingeführte Bezeichnung „BK-SS'ler" (Bekennende-Kirche-SS'ler) als Auszeichnung verstand.[22]

Bis zu seinem Tod am 08.06.1956 nahm Bischof Meiser keines seiner Bekenntnisse und keine seiner Ansichten zum Nationalsozialismus, wie zum Beispiel seinen Aufsatz zur „Judenfrage" von 1926, zurück. Durch Schuldbekenntnisse wie am 26. Juli 1946 vor dem Exekutivkomitee des Lutherischen Weltkonvents in Uppsala, versuchte er jedoch eine Versöhnung der Deutschen mit ihren ehemaligen skandinavischen Feinden herbeizuführen. Meiser sagte:

„Der Zusammenbruch ist uns zu einer religiösen Erfahrung geworden. Wir dürfen nicht die Sünden der anderen bekennen, sondern nur unsere eigenen. Wir nehmen alles als ein Gericht Gottes hin, weil unser Volk die Juden so schlecht behandelt hat (...). Ihr könnt uns glauben, dass es uns mit unserem Stuttgarter Schuldbekenntnis tiefer Ernst war (...). Wir können nur darum bitten, dass ihr das Unrecht vergeben wollt, das wir begangen haben."[23]

2.2   Diskussion um die Straßenbenennung in Nürnberg

2.2.1   Die Straßenbenennung 1957

Am 27. März 1957 entschied der Nürnberger Stadtrat mit 56 zu 8 Stimmen die Umbenennung eines Teils der Spitalgasse in Bischof-Meiser-Straße. Damals wurde vor allem berücksichtigt, dass Meiser an der Gründung vieler Institutionen beteiligt war, die noch heute eine große Rolle für die bayerische Landeskirche spielen. Beispielsweise gründete er 1946 ein Pastoralkolleg in Neuendettelsau für aus dem Kriegsdienst oder der Gefangenschaft zurückkehrende Pfarrer. 1947 baute er in derselben Stadt die Augustana-Hochschule Neuendettelsau auf, eine bedeutende kirchliche theologische Hochschule. Außerdem ließ er

in Tutzing am Starnberger See ein Schloss kaufen, um in diesem eine evangelische Akademie einzurichten, die seitdem gesellschaftliche Veranstaltungen zu
Themen wie Politik, Wissenschaft, Wirtschaft oder auch Kunst durchführt. Auf
dem 60 km südwestlich von Nürnberg gelegenen Hesselberg richtete Meiser
eine Volkshochschule für die Bevölkerung Mittelfrankens ein. Auch seine Rolle
als Leitender Bischof der VELKD (Vereinigte Evangelisch-Lutherische Kirche
Deutschlands) und seine öffentliche Tätigkeit im Rat der EKD wurden berücksichtigt und man führte an, dass Meiser die evangelische Kirche „scheinbar un-
beschadet durch die Wirren des »Dritten Reiches« hindurchgerettet hatte".[24]
Meisers antijüdische Haltung während des »Dritten Reichs«, sowie sein offiziel-
les Schweigen über die Judenverfolgungen und die Tötung Behinderter blieben
unberücksichtigt, da man sich in den Jahren nach 1945 üblicherweise nicht mit
der eigenen Schuld auseinandersetzte, sondern stattdessen die führenden Nazis dämonisierte.[25]

2.2.2   Die Diskussion 2006: Gründe, Ablauf, Gutachten und Reaktionen

Das „Gedenkjahr" 2006 für den ehemaligen Landesbischof Hans Meiser anlässlich seines 125. Geburtstags und seines 50. Todestages wurde im Februar
durch Ausstellungen und Vortragsreihen mit Bildern und Dokumenten zu seinem Leben im „Haus Eckstein" eingeleitet.
Höhepunkt sollte jedoch der Gedenkgottesdienst am 8. Juni in der Nürnberger
St. Johanniskirche werden. Eine neu veröffentlichte Biografie von Carsten Nicolaisen und Gerhart Herold[26] schilderte perspektivenreich die Persönlichkeit Meisers und ging sowohl auf seine Selbstbehauptung im Kampf gegen die Nationalsozialisten zur Erhaltung der Landeskirche wie auch auf seine Aussagen und
sein Verhalten in der „Judenfrage" ein. Unter anderem dadurch wurde die Diskussion um die Vergangenheit neu entfacht und es regte sich erste Kritik. So
schrieb die VVN-BdA (Vereinigung der Verfolgten des Naziregimes – Bund der
Antifaschistinnen und Antifaschisten) am 20. März dem Oberbürgermeister der
Stadt Nürnberg, Dr. Ulrich Maly, und den Stadträten einen öffentlichen Brief, indem sie den Straßennamen Bischof-Meiser-Straße als eine „Beleidigung und
Verhöhnung" für diejenigen bezeichnete, die damals aktiv am Widerstand beteiligt gewesen waren und „schwerste Opfer gebracht" hätten.[27] Außerdem wurde

eine Umbenennung der Straße „zugunsten eines/einer humanistisch und demokratisch engagierten Bürgers/Bürgerin" der Stadt Nürnberg gefordert. In einer Schrift an die Nürnberger Presse machte die VVN-BdA zudem noch einmal deutlich, inwiefern mittlerweile belegt wurde, dass Meiser „bereits in den zwanziger Jahren bekennender Antisemit und Rassist" war. Als Vorschlag für den neuen Namensgeber der Straße benannte die VVN-BdA Dr. Joseph Drexel, den Gründer der Nürnberger Nachrichten (NN) und Ehrenbürger der Stadt, der sich „dem Nazi-Terror energisch widersetzt" hatte, jahrelanger KZ-Haft ausgeliefert war und sich als Bürger Nürnbergs immer „konsequent" gegen rassistisches und antisemitisches Gedankengut eingesetzt hatte.[28] Aufgrund des hohen öffentlichen Drucks durch die Presse und auch durch den Vorsitzenden der Israelitischen Kultusgemeinde (IKG) in Nürnberg, Arno Hamburger, dessen Verwandte von den Nazis deportiert und ermordet wurden, sagte der evangelische Landesbischof Johannes Friedrich den Gedenkgottesdienst für Meiser am 24. Mai ab, um „Verständigung und Frieden" in seiner Kirche nicht weiter zu belasten.[29] In einem Kommentar in den NN erahnt der Journalist Michael Kasperowitsch schon, dass die Diskussion nun erst richtig losgehen wird:

„Jetzt wird es in der Kirche erst richtig brodeln. Denn nun wird das Kreuzfeuer von beiden Seiten einsetzen, von Meiser-Gegnern und von Meiser-Anhängern, von der verharmlosenden Das-war-halt-so-Fraktion und den übereifrigen Alles-Nazi-Kirche-Aufklärern. (...) Die Kirche weiß, dass die Aufarbeitung ihrer Geschichte während der Diktatur und die Beurteilung ihres Führungspersonals noch keineswegs abgeschlossen ist."[30]

Schon am 30. März hatte die Nürnberger Stadtratsfraktion der Grünen den Antrag gestellt, die Rolle und das Handeln des früheren Landesbischofs Meiser vor, während und nach dem Nationalsozialismus durch ein Gutachten beleuchten zu lassen. Es seien die Verdienste und das Versagen von Meiser zu analysieren, um aufzuzeigen, ob es gerechtfertigt ist, dass Straßen und Plätze nach ihm benannt seien. Der Oberbürgermeister Dr. Maly wollte das Gutachten nicht ohne Beteiligung und Anhörung der evangelischen Kirchengemeinde entstehen lassen und lud somit am 24.05.06 zu einem Grundsatzgespräch mit dem Politikwissenschaftler Prof. Dr. Gotthard Jasper, dem ehemaligen Rektor der Friedrich-Alexander-Universität Erlangen-Nürnberg, und dem Stadtdekan Herrn Bammessel. Bei diesem Gespräch erteilte Maly den Auftrag für die Gutachtenerstellung an Jasper. Dieser trug in einem eng begrenzten Zeitraum noch einmal zusammen, wie sich Meisers Verhältnis zum Nationalsozialismus darstellte und schrieb zusammenfassend drei „knappe und formelhaft formulierte Sentenzen" nieder:

„1. Meiser war eine außerordentlich beeindruckende Persönlichkeit mit starker Ausstrahlungskraft.
 2. Meiser war ein sehr erfolgreicher Bischof, der viel für seine Kirche erreichte.
 3. Meiser war ein Kind seiner Zeit, lebte und wirkte in den Grenzen seiner Zeit."[31]

Jasper kam zu dem Schluss, dass seines Erachtens heutzutage kaum etwas dafür sprechen würde, eine Straße nach Hans Meiser zu benennen, wenn „etwa in einem Theologen- oder Bischofsviertel nach besonders ehrungswürdigen" Namensgebern gesucht werden würde. Er betonte jedoch den Unterschied, den es mache, jemandem eine jahrelang bestehende Straßenbenennung abzuerkennen. Solch ein Verfahren würde „ganz unausweichlich eine Korrektur und Kritik an dem Beschluss des Stadtrates von 1957" enthalten. Die Straßenbenennungen von damals seien vor allem als Dokument der Dankbarkeit zu sehen, die die Bevölkerung damals gegenüber Meiser hegte. Man sah ihn eben vor allem als den Mann, der die Landeskirche sicher durch schwierige Zeiten geführt hatte. Heutzutage werde Meiser mit „guten Gründen" aus einem anderen Blickwinkel gesehen und der Stadtrat wird die Entscheidung zu tragen haben, ob er eine „ehrlich gemeinte und im Kontext der Zeit verständliche Entscheidung von vor 50 Jahren" korrigieren soll. Jasper wies auch darauf hin, dass eine Entscheidung zur Umbenennung zwangsläufig dazu führen würde, in Nürnberg und anderen Städten weitere Straßennamen, auch außerhalb des kirchlichen Bereichs überprüfen zu müssen, da sich die „zeitgenössische Perspektive" und historische Erkenntnisse nun einmal immer wieder ändern würden. Als Beispiel führte er einen im März 2000 gestellten Antrag der Grünen im Münchner Stadtrat an, der ebenfalls gestützt auf eine neue Biographie, die Umbenennung der Kardinal-Faulhaber-Straße forderte. Dieser Antrag wurde im Oktober 2000 abgelehnt. Als Alternative schlägt Jasper vor, aus „Respekt vor den Motiven der alten Beschlüsse auf eine Umbenennung zu verzichten." Die aufgekommene Debatte mit ihrer kritischen Sicht auf das „Tun und Unterlassen des Landesbischofs" alleine würde schon der politischen Kultur unseres Gemeinwesens, „zu der auch die Erinnerungskultur gehört" eine nicht zu unterschätzende Bedeutung zukommen lassen.

Jaspers Gutachten heizte somit die Diskussion weiter an. Die VVN-BdA nahm es zum Vorwand, weiterhin eine Umbenennung zu fordern. So schrieb diese am 31.07.2006 an die Nürnberger Nachrichten, dass Jasper in seinem Gutachten nichts von den Vorwürfen gegenüber Meiser abstreiten würde und dass dies Anlass genug sei, das nach dem Bischof benannte Straßenschild entfernen zu lassen. Jasper wurde vorgeworfen, in seinem Gutachten Meisers Verhalten im Nachhinein zu relativieren und zu verharmlosen, in dem er Verständnis dafür äußerte, dass Leute wie Meiser damals so gehandelt haben. Derweil wurde die Forderung der VVN-BdA die Straße in „Dr. Joseph-Drexel-Straße" umzubenennen vom Stadtarchiv Nürnberg gebremst, da sich Dr. Drexel noch zu Lebzeiten „sehr deutlich" dagegen ausgesprochen hatte, dass irgendwann eine Straße nach ihm benannt würde. Im Sommer 2006 wandte sich die CSU gegen eine Umbenennung der Bischof-Meiser-Straße und erntete sofort Kritik vom Vorsitzenden der Israelitischen Kultusgemeinde in Nürnberg, Arno Hamburger. In einer Rede anlässlich einer Gedenkstunde zur Zerstörung der Hauptsynagoge am Hans-Sachs-Platz durch die Nazis am 10.08.1938 sagte er:

„Jedes Mal, wenn ich unter diesem Straßenschild hindurchgehe, muss ich daran denken, dass Meiser auch meine Familienangehörigen, die in den Vernichtungslagern ermordet wurden, wegen ihres jüdischen Glaubens bis ans Ende der Zeiten verflucht hat. Ich glaube nicht, dass jemand nachfühlen kann, was das bedeutet."[32]

In einem Interview mit dem Evangelischen Pressedienst (EPD) nahm Jasper Ende November 2006 noch einmal Stellung zu seinem Gutachten. Er hielt daran fest, dass die Folgen einer Umbenennung sehr genau abgewogen werden müssten. Er meinte aber, dass er grundsätzlich nur einer „präzis begründeten und dokumentierten Umbenennung" zustimmen könnte. Diese müsste allerdings auch ein Ansprechen der positiven Leistungen von Meiser beinhalten und dadurch das „in jeder Umbenennung implizierte Unwerturteil" mildern. Jasper könnte sich für den Text eines solchen Erläuterungsschildes vorstellen, dass dieser auf die Gründe verweist, die 1957 zur Umbenennung durch den Stadtrat entscheidend waren und dann auf „die besondere Situation der Stadt Nürnberg" als ehemalige Stadt der Reichsparteitage und der Nürnberger Rassengesetze und auf ihren heutigen Anspruch als Stadt der Menschenrechte, dem sie nur gerecht werden kann, wenn sie im Kampf gegen Rassismus, Stigmatisierung und Antisemitismus „besondere Sensibilität beweist". Meisers antisemitischen

Äußerungen, die „1957 nicht im Bewusstsein waren", kommt deshalb heute besondere Bedeutung zu.[33] Das Bekanntwerden eines Schreibens Meisers vom 17.09.1943, in dem er dem jüdischen Volk noch einmal „üble Eigenschaften"[34] attestierte, änderte Jaspers Bild von Meiser nicht grundsätzlich. Theologische Positionen, die in den Juden die Schuldigen am Tod Christi und das von Gott zerstreute Volk sahen, wären damals in der akademischen Theologie gelehrt und an Generationen von Pfarrern vermittelt worden. Vom 26. bis zum 29.11.07 fand eine Aussprache über den Bericht des Landesbischofs auf der Landessynode in Rummelsberg statt. Einer der Redner war der Neutestamentler Prof. Stegemann von der Augustana-Hochschule in Neuendettelsau, dem es schon einige Monate zuvor gelungen war, dass das „Hans Meiser-Haus" der Augustana-Hochschule umbenannt wurde. Er ergriff das Wort und trug noch einmal all die Anschuldigungen zusammen, die gegen Meiser erhoben wurden, wie zum Beispiel, dass dieser „das jüdische Volk für eine minderwertige Rasse erklärt" hat. Aufgrund von diesen und anderen Anschuldigungen, meldeten sich nun auch Familienangehörige Meisers zu Wort. Dr. Hans Christian sowie Prof. Dr. Gerhard Meiser stellten eine „offizielle Homepage" zu Hans Meiser ins Internet,[35] auf der sie zu all den Vorwürfen von Prof. Stegemann Stellung nahmen und somit versuchten das Ansehen Hans Meisers aufrecht zu erhalten, indem sie vor allem nochmals auf seine positiven Seiten wie die Erhaltung der evangelischen Landeskirche hinwiesen. Am 20. Januar 2007 veranstaltete die Stadt Nürnberg zusammen mit dem Dekanat der Evangelischen Kirche Nürnberg eine Fachtagung zum Thema „Bischof Meiser aus der Sicht der heutigen Gedenkkultur". Geladen und begrüßt von Oberbürgermeister Dr. Ulrich Maly und Stadtdekan Bammessel sprachen Gäste wie der Meiser-Biograf Prof. Dr. Carsten Nicolaisen oder auch Prof. Dr. Norbert Frei, einer der bedeutendsten deutschen Zeithistoriker, der im Moment an der Friedrich-Schiller-Universität in Jena eine Professur für Neuere und Neueste Geschichte inne hat. Dr. Eckhard Dietzfelbinger, wissenschaftlicher Mitarbeiter des Dokumentations-Zentrums in Nürnberg, forderte die Stadt Nürnberg auf bei ihrem Umgang mit der NS-Vergangenheit ihrem Weg vom „defensiven zum offensiven Erinnern" treuzubleiben. Auf diese für die Nürnberger Erinnerungskultur wichtigen Vorstellungen möchte ich im Schlussteil noch einmal eingehen. Auch Professor Dr. Rainer Anselm, der den Lehrstuhl für Ethik an der Theologischen Fakultät in Göttingen innehat, nahm an der Tagung teil. Das Schlusswort wurde vom Meiser-Gutachter Dr. Gotthard Jasper gesprochen. Das genaue Programm der Tagung ist im Anhang einsehbar.[36] Ziel der Tagung war es, noch einmal das Für und Wider einer Umbenennung der Bischof-Meiser-Straße abzuwägen. In einem internen Schreiben ging die VVN-BdA anschließend auf die Tagung ein, auf der laut ihrer Aussage die unterschiedlichen Positionen gut zum Ausdruck kamen. Vielen wäre es langsam bewusst geworden, dass die Straße unbedingt umzubenennen ist, da verschiedene Redner, wie zum Beispiel Dr. Dietzfelbinger den Antisemitismus Meisers deutlich herausgehoben hätten. Stadträte der Grünen und der SPD hätten sich bei der Tagung deutlich für eine Namensänderung ausgesprochen und sogar Prof. Gotthard Jasper soll von seinem ursprünglichen Gutachten abgewichen sein und Verständnis für eine Namensänderung geäußert haben.[37]

2.2.3 Die Umbenennungsentscheidung 2007

Am 24. Januar 2007 fand in der Nürnberger Stadtratssitzung eine Debatte zur Umbenennung der Bischof-Meiser-Straße statt. Diese stand eigentlich nicht auf der Tagesordnung, wurde aber wegen besonderer Dringlichkeit vom Stadtrat mit 62 zu 3 Stimmen als neuer Tagesordnungspunkt akzeptiert,[38] da die Mehrheit sich darin einig war, dass das Thema, das sie seit vielen Monaten beschäftigte nun endlich zum Abschluss gebracht werden sollte. Einer der drei, die dagegen votierten, war Stadtrat Beisig von den Republikanern, der darauf beharrte, dass dieser Beschluss nicht „in der fristgemäßen Einladung" genannt worden sei und der „absolut" keine Dringlichkeit des Themas sah.[39] Oberbürgermeister Dr. Maly (SPD) trug dann noch einmal Bischof Meisers widersprüchliches Handeln zusammen und erklärte, dass es für die schwierige Frage zur Umbenennung keinesfalls eine „einfache Antwort gibt". In Abstimmung mit dem Dekanat der evangelischen Kirche in Nürnberg und dem Regionalbischof schlug Dr. Maly vor, der Bischof-Meiser-Straße wieder den ehemaligen Namen „Spitalgasse" zu geben. Dieser Schritt erschien ihm aus „Sicht der heutigen Erinnerungskultur" notwendig. Allerdings sollte der Name Meiser nicht gänzlich verschwinden. In welcher Form, an welchem Ort und an welchen Stellen der Stadt eine Dokumentation oder Kommentierung Meisers Leben vorzunehmen wäre, sei aber noch offen und sollte im Einvernehmen mit den Gremien der evangelischen Kirche beschlossen werden. Stadtrat Frieser pflichtete Dr. Maly bei und sicherte ihm die Unterstützung der CSU zu, die also ihre ursprüngliche Meinung zu diesem Fall revidierte. Stadtrat Fischer von der SPD war sich mit beiden einig und wies noch einmal im Besonderen darauf hin, dass auch Meisers Wirken nach 1945, zu dem gerade in letzter Zeit immer mehr bekannt geworden war (zum Beispiel seine ablehnende Haltung zur Entnazifizierung), ein Kriterium für die Stadt zur Umbenennung sein müsste. Stadträtin Wellhöfer vom Bündnis 90/Die Grünen sicherte das Einverständnis ihrer Partei zu und hob besonders Nürnbergs Bemühen als Stadt des Friedens und der Menschenrechte hervor. Außerdem zeigte sie auf, dass die Bischof-Meiser-Straße im ehemaligen jüdischen Viertel Nürnbergs und auf dem Weg zur 1933 zerstörten Synagoge läge und deshalb aus „Respekt vor den Opfern, Überlebenden und [den] Nachkommen des Holocaust", die Umbenennung zu begrüßen wäre. Stadtrat Ulrich wies dies für die FDP ab und ging noch einmal auf positive Aspekte in Meisers Wirken ein, wie zum Beispiel auf seine Mithilfe bei der Rettung von mehr als hundert jüdischen Mitbürgern (siehe S.8). Desweiteren beharrte er auf der Feststellung, dass Meiser sich weder „antisemitischer, rassistischer oder sogar nationalsozialistischer als die übergroße Mehrheit der evangelischen Kirche" verhalten habe. „Gerade die Zwiespältigkeit seiner Person, seine Licht-und Schattenseiten würden Meiser zu einem gedenk-und bedenkwürdigen Mann machen", nach dem deshalb eine Straße benannt bleiben sollte. Stadtratsmitglied Ollert von der NPD, der auch keine besondere Dringlichkeit für diese Debatte zu erkennen vermochte, kritisierte die CSU als „Club sicherer Umfaller", die sich niemals standhaft zeigen, sondern wie in diesem Fall immer „einknicken" würden. Er spekulierte außerdem über zukünftige Straßenumbenennungen, bei denen wohl auch Namen aus dem „linken Spektrum" diskutiert werden müssten. Er warf den Stadträten von SPD, CSU und Grünen vor, sich anzumaßen „über eine längst vergangene Epoche ein Urteil zu fällen" und schlug ironischerweise vor, Straßen in Zukunft am besten nach den „über jeden Tadel erhabenen" Stadträten dieser Parteien zu benennen. Der Republikaner Beisig sprach sogar von „Entwürdigung einer Person" im Falle Meiser, protestierte noch einmal gegen die „Überrumpelung" durch den Dringlichkeitsantrag und stimmte deswegen ebenfalls gegen die Umbenennung.

Die Umbenennung der Bischof-Meiser-Straße wurde mit 62:4 Stimmen und dem Hinweis auf eine „Kommentierung und Dokumentation der Hintergründe des Vorgangs" im Einvernehmen mit dem evangelischen Dekanat, beschlossen.[40] Am 05.03.2007 fand dann nochmals eine Besprechung beim Stadtrechtsdirektor Dr. Frommer zur Umbenenunng der Bischof-Meiser-Straße statt, bei der das weitere Vorgehen aufgrund des Stadtratsbeschlusses festgelegt werden sollte. Außer Dr. Frommer nahmen unter anderem auch der Stadtdekan Bammessel und Dr. Dietzfelbinger teil. Bammessel konnte aufgrund der aktuellen Beschlusslage des Dekanats keiner Lösung zustimmen, die sich auf die „Anbringung eines bloßen Hinweisschildes" beschränken würde. Allerdings zeigte er sich damit einverstanden, dass vorläufig ein neutraler Hinweis auf den bisherigen Namen der Straße am Straßenschild angebracht werden sollte. Als Ergebnis der Besprechung wurde eine Dokumentation des Umbenennungsvorgangs durch eine Publikation vorgesehen, die sowohl Jaspers Gutachten, verschiedene Vorträge der Fachtagungen als auch die Erörterung im Stadtrat der Öffentlichkeit zugänglich machen sollte. Außerdem erwog die Kirche eine Dauerausstellung über das Evangelische Nürnberg im Dritten Reich, bei der die Unterstützung durch Stadt und Dokuzentrum begrüßt wurde.[41] Dr. Dietzfelbinger erhielt den Auftrag auf Grundlage des sogenannten Stegmann-Jasper-Hamburger-Entwurfs[42] einen Vorschlag für ein zusätzliches Hinweisschild in der Spitalgasse über die Straßenumbenennung zu entwerfen.[43]

Am neuen Straßenschild „Spitalgasse" wurde inzwischen der Vermerk „vormals Bischof-Meiser-Straße" angebracht. Das zusätzliche Erläuterungsschild fehlt bis jetzt.[44]

2.2.4 Reaktionen in anderen Städten

Auch in München wurde vom Stadtrat am 18. Juli 2007 gegen den Widerstand der evangelischen Kirche und gegen die Stimmen von CSU, FDP, ÖDP und Freie Wähler beschlossen, der dortigen Meiserstraße einen neuen Namen zu geben. Der Stadtrat kam damit der Forderung der Vorsitzenden der Israelitischen Kultusgemeinde in München und in Deutschland, Charlotte Knobloch, nach. Der Süddeutschen Zeitung sagte sie:

"München hat nicht verdient, dass man dieser Stadt nachsagt, sie würde einen nachweislichen Antisemiten wie den ehemaligen Landesbischof Hans Meiser mit einem Straßennamen ehren"[45]

Insgesamt verlief hier der Dialog zwischen Kirche und Stadt lange nicht so offen und gemeinsam wie in Nürnberg, auch wenn Landesbischof Friedrich seine Klageerwägung gegen die Stadt München aufgab.

In Ansbach dagegen wurde Ende 2006 die von den Grünen beantragte Umbenennung der Straße abgelehnt, da dies „einem Unwert-Urteil über Meiser gleichkäme". Betont wurde hier durch Oberbürgermeister Ralf Felber (SPD) Meisers Widerstand gegen die Versuche der Nationalsozialisten, die Kirche unter ihre Kontrolle zu bringen.[46] Außerdem gibt es in Ansbach keine jüdische Gemeinde mehr, die sich hinter die Umbenennungsforderung hätte stellen können.

In Bayreuth entbrannte der Streit um die Umbenennung der „Hans-Meiser-Straße" Ende Juli 2007. Die Israelitische Kultusgemeinde Bayreuth erklärte, dass die dortige Hans-Meiser-Straße wegen der antisemitischen Äußerungen des ehemaligen Bischofs der evangelischen Landeskirche Bayerns „nicht mehr tragbar" sei.[47] Auch hier wehrte sich der evangelische Regionalbischof gegen eine Umbenennung. Bayreuths Oberbürgermeister Michael Hohl begrüßte die Einsetzung einer Kommission, die sich mit der Problematik befassen und dabei auch andere strittige Straßennamen kritisch beleuchten sollte, mit den Worten: „Wir sollten uns Zeit nehmen für eine vertiefte Diskussion und uns bemühen, den historischen Tatsachen gerecht zu werden." [48]

Eine Entscheidung ist hier bisher nicht gefallen.

In Weiden, Kulmbach, Schwabach und Pullach sind ebenfalls Straßen nach dem ehemaligen Landesbischof Meiser benannt. Aus diesen Orten ist mir bisher kein Aufruf zu einer Umbenennungsdiskussion bekannt.

3   Schlussgedanke

Dass die Art des Erinnerns sich im Laufe der Zeit immens wandeln kann, ist vor allem bezogen auf die NS-Vergangenheit ein wichtiger Punkt, der bei der Frage „Wer verdient eine Straße?" einbezogen werden muss. Dr. Dietzfelbinger unterscheidet für den Wandel vom „defensiven zum offensiven Erinnern" drei zeitliche Phasen. In den ersten Nachkriegsjahren war die Mehrheit der Bevölkerung damit beschäftigt, die täglichen Probleme wie die schwierige Versorgungslage zu meistern und eigener Toter zu gedenken. Ein tieferes Nachdenken über

Schuld und Verantwortung für NS-Taten gab es bis in die 60er Jahre nur beschränkt. Er nennt diese Phase, in die auch die Namensgebung der Bischof-Meiser-Straße fällt, „Erinnern und Beschweigen". In der zweiten Phase („Das Fragen nach der Vergangenheit", ca. 1960-1980) führte insbesondere die seit Mitte der 80er Jahre in Nürnberg eröffnete Ausstellung „Faszination und Gewalt" langsam zu einer Erweiterung der inhaltlichen Auseinandersetzung mit dem Nationalsozialismus. Das Erinnern der Stadt an den Nationalsozialismus blieb aber eher zurückhaltend und der Blick auf aktuelle Bezüge wurde meist vermieden. In der dritten Phase, der „Vergangenheitsbewahrung", bekannte sich die Bundesrepublik Deutschland zum „negativen Gedenken", und damit zu einer bewussten und offenen Auseinandersetzung mit dem Nationalsozialismus. Dieses offensive Erinnern führte in Nürnberg zur Errichtung der „Straße der Menschenrechte" 1993, der Vergabe des Menschenrechtspreises seit 1995 mit der damit verbundenen Selbstverpflichtung als „Stadt des Friedens und der Menschenrechte" und zur Einrichtung des Dokumentationszentrums 2001. Im Sinne dieses offensiven Erinnerns sprach sich Dr. Dietzfelbinger deshalb für eine kommentierte Umbenennung der Bischof-Meiser-Straße aus.[49] Meiner Meinung nach war die von gegenseitigem Respekt geprägte Nürnberger Diskussion zwischen Kirche, Stadt, Wissenschaft und näher Betroffenen (Familie, Israelitische Kultusgemeinde) ein auch für andere Städte vorbildlicher Weg. Gerade auf die Stadt der Reichsparteitage, der Rassengesetze und der Nürnberger Prozesse blickt die Weltöffentlichkeit und erwartet sich Anregungen für den Umgang mit Unrechtsregimen, bzw. Hilfestellung für die Auseinandersetzung mit Opfern und Tätern. Da sich die Bischof-Meiser-Straße sehr zentral in unmittelbarer Umgebung zum Hauptmarkt (Jüdisches Ghetto, Pogrom von 1349) und dem Platz der 1938 zerstörten Synagoge befand, setzt ein offenes und offensives Umgehen mit unserer Vergangenheit auch für Besucher der Stadt Nürnberg ein Zeichen. Durch einen Kommentar am oder in der Nähe des Straßenschildes wird die Wertung aus der Anfangszeit der BRD nicht einfach übergangen, aber auf den Perspektivenwechsel aus heutiger Sicht hingewiesen und deutlich gemacht, dass sich Nürnberg seiner Vergangenheit stellt. Dass in der Diskussion das letzte Wort noch nicht gesprochen ist, und es nicht nur um das Auswechseln eines Straßenschildes ging, macht ein für das Jahr 2008 geplantes Symposium beim bayerischen Landesbischof Friedrich zur Vergangenheit der evangelischen Kirche, also auch zu Bischof Meiser, deutlich.[50] Bis dahin sollen auch persönliche Briefe Meisers im Evangelischen Landeskirchenarchiv aus den Jahren 1943-1945, bzw. 1948/49 aufgearbeitet sein, die laut Dr. Dietzfelbinger noch deutlicher zeigen, dass Meiser über den Holocaust Bescheid wusste und er seinem antisemitischen Weltbild auch nach 1945 treu blieb. Dies wird nicht zuletzt zu einer neuen Bewertung der Rolle der evangelischen Kirche im 3. Reich insgesamt führen müssen.

Es stellt sich natürlich noch die Frage, wie mit anderen Straßennamen umgegangen werden soll. Allein aus den Antisemitismusvorwürfen abgeleitet, müssten noch mehr Straßen in Nürnberg umbenannt werden.[51] Wie steht es zum Beispiel mit dem Freiheitskämpfer Ernst Moritz Arndt, nach dem eine Straße in St. Johannis benannt ist? Er gilt als Vordenker des rassischen Antisemitismus und beeinflusste nachhaltig die NS-Literatur. Auch die Straße, die nach dem Philosophen Johann Gottlieb Fichte benannt ist, bedürfte einer Diskussion. Fichte forderte unter anderem dazu auf, „[den Juden] ihr gelobtes Land zu erobern und sie alle dahin zu schicken".[52] Und was ist mit dem Richard-Wagner-Platz? Wagners Wirken gehört unbestritten zum deutschen Kulturgut, dennoch war er nicht nur Komponist, sondern schrieb auch abwertend über Themen wie das „Judentum in der Musik" oder die „Verjüdung der modernen Kunst".[53] Kein Wunder, dass sich Hitler von ihm besonders angesprochen fühlte. Nicht zuletzt könnte man auch den Lutherplatz in Frage stellen, denn Martin Luther forderte gerade in seinen späten Schriften das Verbrennen von Synagogen und jüdischen Häusern und beeinflusste mit seiner antijüdischen Haltung protestantisches Denken (siehe Bischof Meiser). Wer sich also an die moralische Reinigung der Nürnberger Straßennamen machen wollte, hätte viel Arbeit vor sich. Am einfachsten wäre es da zweifellos Straßennamen überhaupt nicht mehr nach historischen Persönlichkeiten zu benennen, denn moralische Neubewertung und politischer Perspektivenwechsel werden hier immer wieder Streit vom Zaun brechen. Eine solch radikale Lösung hätte jedoch Diskussionen wie die jetzige von vornherein ausgeschlossen und damit der Öffentlichkeit eine intensive und notwendige Auseinandersetzung mit der Vergangenheit vorenthalten. Unsere wehrhafte Demokratie sollte es uns aber wert sein, dass wir immer wieder genau hinsehen und überprüfen, wer eine Straße wirklich verdient.

- 22 -

4 Fußnotenverzeichnis

1) Berg, R., Selbmann, R., Grundkurs Deutsche Geschichte 2 – 1918 bis zur Gegenwart, Frankfurt am Main, Hirschgraben Verlag, 1987, S. 139/140 http://de.wikipedia.org/wiki/Bekennende_Kirche, aufgerufen am 25.12.2007

2) Bilder: Siehe Anhang Nr. 14, S. 37

3) Siehe Anhang Nr. 1, S. 24

4) Zeitschrift "Der Theologe"

5) Töllner, S. 33

6) http://www.ursulahomann.de/MartinLutherUndDieJuden/komplett.html , aufgerufen am 26.12.2007

7) Töllner, S. 54

8) Töllner, S. 54

9) http://www.ekd.de/bekenntnisse/142.html, aufgerufen am 26.12.2007

10) Baier, S. 11

11) Baier, S. 12

12) nach Baier, S. 14f

13) Baier, S.19

14) http://de.wikipedia.org/wiki/Hans_Meiser_(Bischof)#Konflikt_mit_dem_Staat , aufgerufen am 27.12.2007

15) Töllner, Kapitel 5.3.1

16) Jasper, G., Gutachten zu Landesbischof D. Hans Meiser (einzusehen unter http://www.nuernberg.de/imperia/md/content/internet/internet_portal/teaser_pdf/gutachten_meiser_120706.pdf), S. 21

17) Zeitschrift "Der Theologe"

18) Boyens, A., Kirchen in der Nachkriegszeit: 4 Zeitgeschichtliche Beiträge, Göttingen, Vandenhoeck & Ruprecht , 1979 , S. 48

19) Zeitschrift „Der Theologe"

20) Zeitschrift „Der Theologe"

21) Nicolaisen, C., Bischof Hans Meiser (1881-1956), ein konservativer Lutheraner in den Herausforderungen des Nationalsozialismus. In: Haberer, Johanna, Er liebte seine Kirche, Bischof Hans Meiser und die bayerische Landeskirche im Nationalsozialismus München, Evang. Presseverb., 1996, S. 24

22) Zeitschrift „Der Theologe"

23) Hanselmann, J., Ja, mit Gottes Hilfe, München, Claudius Verlag, 2000, S.166

24) Sonntagsblatt – Evangelische Wochenzeitung für Bayern, Ausgabe 05 vom 04.02.2007, Rubrik „Einblicke"

25) http://de.wikipedia.org/wiki/Hans_Meiser_(Bischof)#Konflikt_mit_dem_Staat , aufgerufen am 27.12.2007

26) Herold, G., Nicolaisen, C., Hans Meiser (1881-1956). Ein lutherischer Bischof im Wandel der politischen Systeme, München, Claudius Verlag, 2006

27) Siehe Anhang Nr. 2, S. 25

28) Siehe Anhang Nr. 3, S. 26

29) Nürnberger Nachrichten, 24.05.2006

30) Siehe Anhang Nr. 4, S. 27

31) Jasper, G., Gutachten zu Landesbischof D. Hans Meiser

32) Siehe Anhang Nr. 5, S. 28

33) http://www.epv.de/node/2945 , aufgerufen am 02.01.2008

34) http://www.augustana.de/archiv/2006/20061129_FLZ_2.pdf, aufgerufen am 02.01.2008

35) http://www.bischof-meiser.de , aufgerufen am 04.02.2007

36) Siehe Anhang Nr. 6, S. 29

37) Schreiben an die Mitglieder des VVN-BdA vom Januar 2007

38) Siehe Anhang Nr. 7, S. 30

39) Auszug aus der Stadtratssitzung in Nürnberg vom 24. Januar 2007

40) Siehe Anhang Nr. 8, S. 31

41) Siehe Anhang Nr. 9, S. 32

42) Siehe Anhang Nr. 10, S. 33

43) Siehe Anhang Nr. 11, S. 34f

44) Siehe Anhang Nr. 12, S. 36

45) http://www.br-online.de/bayern-heute/artikel/0707/18-meiser-strasse/index.xml, aufgerufen am 04.01.2008

46) http://www.epv.de/node/2957, aufgerufen am 04.02.2008

47) http://www.sonntagsblatt-bayern.de/news/aktuell/2007_30_10_01.htm aufgerufen am 04.01.2008

48) http://www.bayreuth.de/pressearchiv/4417/details_576.htm, aufgerufen am 04.01.2008

49) Persönliches Gespräch mit Herrn Dr. Dietzfelbinger, bzw. seine Aufzeichnungen zur Fachtagung vom 20. Januar 2007

50) Nach Aussage von Stadtdekan Bammessel, Gespräch vom 15.01.08

51) Siehe Anhang Nr. 13, S. 36

52) Fichte, J. G., Sämtliche Werke - Band 6, Berlin, 1845-46, Seite 149f

53) Sonntagsblatt Bayern, Ausgabe 02 vom 14.01.2007

5 Anhang

Nr. 1

Jesus spricht: Ich bin der Weg und die Wahrheit und das Leben; niemand kommt zum Vater, denn durch mich. Joh. 14.

Evangelisches Gemeindeblatt Nürnberg

Ein feste Burg ist unser Gott, Ein gute Wehr und Waffen. Luther.

Herausgegeben von den Geistlichen des Dekanats.

Eigentum u. Verlag der Buchhandlung des Vereins für Innere Mission in Nürnberg, Ebnersgasse 10. — Für die Schriftleitung verantwortlich: Pfarrer Nicol, Thg., Schonhoverstr. 6/II, Tel. 25770. — Sekretariat: Schildgasse 24/26/I, Tel. 25770, Postschecknummer 4244 Nbg. — Für den Anzeigenteil und Geschäftsleitung verantwortl.: Diakon Bollreich, Buchhandlung, Ebnersgasse 10, Tel. 8767. Druck: H. Feder, Nürnberg, Lucherstr. 2, Tel. 162.

| 33. Jahrgang Nr. 33 | 12. Sonntag nach Trinitatis. | 22. August 1926 |

Die evangelische Gemeinde und die Judenfrage.

Von H. Meiser,
Direktor des Evang.-luth. Predigerseminars.

(Der nachstehende Aufsatz geht zurück auf den Bericht über die süddeutsche Provinzialtagung des evang.-sozialen Kongresses in Nürnberg in Nr. 40 des vorigen Jahrganges unseres ev. G.-Bl. Ein der völkischen Bewegung nahestehender Teilnehmer an dem Hauptvortrage Dr. Cahns über: „Die Grundlagen einer neuen Berufsethik" und eifriges Gemeindeglied fand den Bericht unvollständig und deshalb irreführend. In der dadurch angeregten Aussprache trat die Notwendigkeit stark zu Tage zu der gerade in Nürnberg weite Kreise der ev. Gesamtgemeinde auf das Lebhafteste bewegenden Fragen. Judenfrage vom Standpunkt der evang.° Gemeinde aus im Sinn einer Klärung und Richtunggebung grundsätzlich Stellung zu nehmen. In diesem Sinne mögen die folgenden Ausführungen verstanden werden. Die Schriftleitung.)

Soll diese Frage dem Kampfplatz der Leidenschaften entnommen und einer sachlichen Erörterung zugeführt werden, so müssen wir uns daran erinnern, daß die Judenfrage fast so alt ist, wie das jüdische Volk selbst und daß nicht nur wir Deutschen, sondern in ähnlicher Weise wie wir alle gebildeten Völker ihre Judenfrage haben. Eine Zeit lang schien es, als ob die Judenfrage entgiltig gelöst, als nämlich die Judenemanzipation den Juden die ihnen bis dahin versagte rechtliche Gleichstellung mit den übrigen Staatsbürgern brachte. Damals schrieb ein Jude (Jlbor Steim): „Es ist jetzt (1869) gestattet, an eine Geschichte der Judenemanzipation zu denken, jetzt wo die zivilisierte Welt ihr Endurteil gesprochen und die öffentliche Meinung, jenes oberste Tribunal, keine offene Frage mehr in ihr erblickt. Es gibt in der Tat keine Judenfrage mehr." Aber statt daß die Frage durch die Judenemanzipation gelöst wäre, ist sie nun erst recht brennend geworden. Im Besitz der staatsbürgerlichen Gleichberechtigung haben die Juden ihren Einfluß nur umso ungehemmter geltend gemacht und die Schwierigkeiten, die im Zusammenleben der Juden mit den übrigen Staatsbürgern liegen, sind nur umso greller ins Licht getreten.

Ihre Wurzel haben diese Schwierigkeiten in der Rassenverschiedenheit zwischen den Juden und den Völkern, in deren Mitte sie sich niedergelassen haben. Gerade in unserer Zeit ist das Rassenproblem neu erwacht und wir sehen, wie sich überall die Völker gegen das Eindringen fremder Rassen zur Wehr setzen. So spielt sich auf dem Boden Amerikas ein erbitterter Kampf der weißen Rasse gegen die schwarze und die gelbe Rasse ab, so ringen in den europäischen Oststaaten Deutschtum und Slaventum aufs schwerste miteinander. Unter dem Gesichtspunkt des Rassenkampfes ist auch die Judenfrage zu rücken; denn kein Volk der Erde hat selber Jahrhunderte lang die Reinheit der eigenen Rasse so bewußt gepflegt und mit solchem Erfolg erhalten wie die Juden, dieser ursprünglich überwiegend vorderasiatisch-orientalische Stamm. Sonst tritt bei längerer Berührung zweier verschiedener Rassen Rassenmischung ein oder die schwächere Rasse wird von der stärkeren allmählich bis zum Verschwinden aufgesaugt. So gehen die meisten unserer Deutschen, die ins Ausland abwandern, meist schon in der zweiten oder dritten Generation dem heimischen Volkstum verloren. Nur ein Volk in der ganzen weiten Welt der Nationen macht eine Ausnahme von diesem Rassengesetz — die Juden. „Nun schon neunzig Jahrhundert hindurch sind sie atomistisch unter die mannigfachsten Nationen der Erde gemischt und die Fluten des großartigsten Umwälzungen sind über die allermeisten Stätten, wo immer sie sich niedergelassen haben, dahingebraust. Die Menschenwelt aller bewohnten Länder der Erde ist wesentlich verändert und umgewandelt, alle haben zahlreiche Einwanderungen, Auswanderungen und Mischungen erfahren; fast überall auf der Erde finden wir die Erdarten übereinander geschichtet und mannigfach verworfen, so auch Völkertrümmer, eine Kulturperiode über die andere hingelagert, eine mit der anderen gemischt und vielfach verwaschen und zerworfen im Sturmregen der Jahrtausende. Die Juden allein widerstehen diesem Rassendrang — die Juden. Aber in diesem steten Entstehen und Vergehen lebt nur ein einziger Menschenstamm unüberwunden und ungebrochen und ungebeugt weiter fort: alle Völker außer den Juden sterben, die Juden allein unter ihnen allen bestehen weiter." (R. H. Wlath.) An dieser Tatsache ändert auch der Umstand

Nr. 2

VVN-BdA   C/O Georg Neubauer, 90469 Nürnberg   20.03.2006

An den Oberbürgermeister der Stadt Nürnberg
Dr. Ulrich Maly

An die Stadtratsfraktionen von CSU, SPD und Bündnis90/Die Grünen
An die Stadträte von FDP, FW und Die Guten

Der interessierten Öffentlichkeit zur Kenntnis

Bischof-Meiser-Straße in Nürnberg

Sehr geehrter Herr Oberbürgermeister

Sehr geehrte Damen und Herren,

die jüngste Veröffentlichung der Abendzeitung vom 4./5. März bestätigt erneut, dass Bischof Meiser, der erste Landesbischof der evangelischen Kirche nach dem 2.Weltkrieg in Bayern, alles andere als ein Gegner des Naziregimes war.

Im Gegenteil: Als bekennender Antisemit bereits in den Jahren vor dem faschistischen Regime, fand sich der evangelische Bischof Meiser offensichtlich in den Jahren 1933 bis 1945 unter den Hakenkreuzträgern gut aufgehoben.   Unzählige Dokumente bezeugen, dass Bischof Meiser nicht die Kritik am Naziregime oder den auch innerhalb der Kirche vorhandenen Widerstand unterstützte, sondern das Hitlerregime förderte, wo er nur konnte.

Angesichts seiner – eigentlich damals schon bekannten - antisemitischen Sprüche und seiner Lobhudeleien auf den „Führer" ist es schier unglaublich, dass nach diesem Herrn in der Mitte unserer Stadt eine Straße benannt wurde – und dass es dieses Namenschild bis heute noch gibt.

Ein Straßenname für einen aktiven Unterstützer des Naziregimes ist und bleibt eine Beleidigung und Verhöhnung all derjenigen, die sich damals - ganz gleich aus welchen Motiven - gegen die faschistische Diktatur engagiert und die in diesem Widerstand schwerste Opfer gebracht haben.

Als Organisation der Verfolgten des Naziregimes fordern wir Sie auf, den Straßennamen Bischof-Meiser zugunsten eines/einer humanistisch und demokratisch engagierten Bürgers/Bürgerin unserer Stadt umzubenennen.

Wir denken, dass der diesjährige 8.Mai, der 61.Jahrestag der Befreiung von Faschismus und Krieg, ein geeignetes Datum wäre.

Mit freundlichem Gruß

Georg Neubauer

Nr. 3

Vereinigung der Verfolgten des Naziregimes - Bund der Antifaschistinnen und Antifasc ▼ VN-BdA

VVN-BdA Nürnberg c/o Georg Neubauer Königshammerstr. 15a, 90469 Nürnberg ▼ Tel. 487892

An die Nürnberger Presse

Umbenennung der Bischof-Meiser-Straße

Sehr geehrte Damen und Herren

In den letzten Wochen wurden viele Fakten über den eheamligen Landesbischof der Evang.Kirche in Bayern, Herrn Meiser veröffentlicht. Ihre Zeitung hat hierzu mit zahlreichen Informationen beigetragen.

Es hat sich herausgestellt:

* Bischof Meiser war bereits in den zwanziger Jahren bekennender Antisemit und Rassist. Es trieft in seinen Schriften geradezu vor unappetitlichen antijüdischen und rassistischen Sprüchen.

* Bischof Meiser hat sich auf dieser geistigen Grundlage bis Kriegsende mit der faschistischen Diktatur sehr gut arrangiert. Der Unterschied zwischen seiner Haltung und dem Antisemitismus der NSDAP war schließlich nicht sehr groß. Mit den Nazis gestritten wurde allenfalls um die Rechte der evangelischen Kirche. Energische Proteste von Bischof Meiser gegen den faschistischen Terror, gegen Mord und Verschleppung Andersdenkender, oder gegen den verbrecherischen Krieg des deutschen Faschismus sind bisher nicht bekannt.

* Unter der Regie von Bischof Meiser (zumindest mit seiner Duldung!) wurden nach der Befreiung vom Faschismus Ende der Vierziger Jahre ganz offensichtlich auch Hilfsaktionen zugunsten inhaftierter Nazi-Kriegsverbrecher gestartet.

Als AntifaschistInnen bleiben wir deshalb dabei:

Ein Straßenname für einen aktiven Unterstützer des Naziregimes ist eine Beleidigung und Verhöhnung all derjenigen, die sich damals gegen die faschistische Diktatur engagiert und die in diesem Widerstand schwerste Opfer gebracht haben. Ein Straßenname für einen Antisemiten und Rassisten ist unwürdig für eine Stadt des Friedens und der Menschenrechte!

Als Organisation der Verfolgten des Naziregimes fordern wir seit langem, den Straßennamen Bischof-Meiser zugunsten eines humanistisch und demokratisch engagierten Bürgers unserer Stadt umzubenennen.

Dr. Joseph Drexel, der Gründer der Nürnberger Nachrichten, entspricht nach unserer Auffassung voll und ganz diesen Kriterien. Er hat sich dem Nazi-Terror energisch widersetzt und war deshalb – wie Tausende andere AntifaschistInnen auch - in jahrelanger Zuchthaus- und KZ-Haft der Barbarei des Hitlerregimes ausgeliefert. Er hat sich auch nach der Befreiung nicht nur als Verleger, sondern auch als Bürger unserer Stadt konsequent gegen jeglichen rassistischen und antisemitischen Ungeist engagiert.

Dr. Josef Drexel ist zurecht Ehrenbürger unserer Stadt. Eine Straße ist nach unserer Kenntnis bisher nicht nach ihm benannt. Aus Anlass seines 30. Todesjahres sollte dies endlich geschehen. Sein Name - anstelle von Bischof Meiser - wäre ein großer Gewinn für unsere Altstadt.

Wir werden deshalb am 8.Mai, dem 61.Tag der Befreiung eine symbolische Umbenennung der Bischof-Meiser-Straße vornehmen. Wir treffen uns dazu um 18.15 Uhr an der (Noch)Bischof.Meiser-Str./Phobenstr. und laden Sie herzlich dazu ein.

Mit freundlichem Gruß

Georg Neubauer
(Für den Vorstand der VVN-BdA Nürnberg)

Jetzt brodelt's erst richtig

Kirche nach der Absage der Meiser-Feier

VON MICHAEL KASPEROWITSCH

Die Absage des geplanten Meiser-Gottesdienstes kam spät, aber in einer erfreulichen Deutlichkeit. Selbst die besten Absichten einer solchen kirchlichen Feier wären nach der Entwicklung in den vergangenen Wochen gnadenlos untergegangen.

Dies haben sich die Verantwortlichen der Kirche aber zum Großteil selbst zuzuschreiben. Es ist der Kirchenspitze nicht gelungen, den Sinn ihres zweifellos untadeligen Vorhaben frei von allen Missverständnissen vorzutragen.

Warum sie so lange ein Geheimnis darum gemacht hat, dass das Versagen der Lutheraner während der NS-Diktatur klar thematisiert werden sollte, und nie an eine Art stille Meiser-Jubelfeier gedacht war, bleibt unerfindlich. Rechtzeitige Erläuterungen an einer solch sensiblen Stelle haben gefehlt. Es ist wohl ein einmaliger Vorgang in der Landeskirche, dass ihr Bischof einen Gottesdienst erst ankündigt, dann absagt, und schließlich zu seiner Rechtfertigung in der Öffentlichkeit erklärt, was er dort eigentlich alles sagen wollte. Aus den Stellungnahmen von Landesbischof Johannes Friedrich und Nürnbergs Dekan Michael Bammessel waren unter dem Eindruck des Meiser-Debakels durchaus auch selbstkritische Töne herauszuhören.

Billig ist diese Selbstkritik sicher nicht. Mit ihrer Entscheidung haben es sich die Kirchenoberen bestimmt nicht leichter gemacht. Jetzt wird es in der Kirche erst richtig brodeln. Denn nun wird das Kreuzfeuer von beiden Seiten einsetzen, von Meiser-Gegnern und von Meiser-Anhängern, von der verharmlosenden Das-war-halt-damals-so-Fraktion und den übereifrigen Alles-Nazi-Kirche-Aufklärern.

Schaden muss das alles keiner sein. Denn ein Ergebnis hat die hitzige Debatte gezeigt: Die Kirche weiß, dass die Aufarbeitung ihrer Geschichte während der Diktatur und die Beurteilung ihres Führungspersonals noch keineswegs abgeschlossen ist.

DER **S**TAND**P**UNKT

Aus den Nürnberger Nachrichten, Mai 2006.

Nr. 5

Eine „Zumutung" für die jüdischen Opfer

Arno Hamburger zur Meiser-Straße — Feier am Gedenkstein der zerstörten Synagoge

Für einen gemeinsamen Ausweg aus dem „Dilemma Bischof-Meiser-Straße" hat Arno Hamburger, Vorsitzender der Israelitischen Kultusgemeinde in Nürnberg, geworben.

Gleichzeitig machte er aber deutlich, was den Opfern des nationalsozialistischen Rassenwahns und deren Nachkommen angesichts einer Straße zugemutet wird, die nach einem notorischen Antisemiten wie dem früheren Landesbischof benannt ist.

„Jedes Mal wenn ich unter diesem Straßenschild hindurchgehe, muss ich daran denken, dass Meiser auch meine Familienangehörigen, die in den Vernichtungslagern ermordet wurden, wegen ihres jüdischen Glaubens bis ans Ende der Zeiten verflucht hat", betonte Hamburger, „ich glaube nicht, dass jemand nachfühlen kann, was das bedeutet." Hamburger äußerte sich zu dem Thema in seiner Ansprache, die er anlässlich einer Gedenkstunde des Arbeitskreises „Suchet der Stadt Bestes" zur Zerstörung der Hauptsynagoge am Hans-Sachs-Platz hielt. Das Gotteshaus war von den Nazis am 10. August 1938 zerstört worden.

„Ich hoffe, dass wir in der für uns bitteren Sache Meiser-Straße eine Lösung finden, die unsere bisher guten Beziehungen nicht belastet", sagte Hamburger an den ebenfalls anwesenden CSU-Fraktionsvorsitzenden Michael Frieser gewandt. Die CSU hatte sich kürzlich gegen eine Umbenennung der Meiser-Straße ausgesprochen. Der Stadtrat will nach der Sommerpause entscheiden.

Meiser, so Hamburger, habe seine antisemitischen Äußerungen nicht als einfacher Theologe getan, sondern als Leiter einer Ausbildungsstätte für junge evangelische Pfarrer. Seine Haltung habe die Rassen-Ideologie der Nationalsozialisten gefördert. Die Einsichten des evangelischen Bischofs nach dem Krieg könnten dafür keine Entschuldigung sein. Hamburger widersprach damit „bei allem Respekt" auch dem evangelischen Dekan Michael Bammessel.

Dieser hatte aus einem Rundschreiben Meisers an Pfarrer aus dem Jahre 1950 zitiert, in dem die Christen gebeten wurden, sich jeden Antisemitismus' zu enthalten. Bammessel kritisierte aber auch, dass es sehr lange gedauert hat, bis die evangelische Kirche eine Mitschuld an dem Völkermord erkannte. „Antisemitismus ist auch keine Sache von gestern, sondern nach wie vor aktuell", so Bammessel in seiner Ansprache.

CSU-Fraktionschef Frieser selbst ging auf das Thema Meiser-Straße gestern nicht ein. Er fragte mit Blick auf den aktuellen Konflikt im Nahen Osten nachdenklich: „Warum müssen wir eigentlich immer wieder für das Existenzrecht des Staates Israel eintreten? Dazu gibt es keine Alternative." Auch die übrigen Redner erklärten während der Gedenkfeier ihre Solidarität mit Israel. Die Bevölkerung dort habe ein Recht, in Frieden und ohne Schrecken zu leben. Es dürfe kein Funken des Verständnisses für diejenigen aufgebracht werden, die dieses Recht in Frage stellen. Hinter der Kritik am Staat Israel, die selbstverständlich möglich sein müsse, stecke bei manchen eine antijüdische Haltung, die unter keinen Umständen hingenommen werden dürfe.

MICHAEL KASPEROWITSCH

4.8.2006 0:00 MEZ

© NÜRNBERGER NACHRICHTEN

Nr. 6

„Bischof Meiser aus der Sicht der heutigen Gedenkkultur"
Fachtagung am 20. Januar 2007
veranstaltet von der Stadt Nürnberg und dem
Dekanat der Evangelischen Kirche Nürnberg

10.00 Uhr
Begrüßung
Oberbürgermeister Dr. Ulrich Maly
Stadtdekan Michael Bammessel

10.15 - 10.45 Uhr
Zwischen Anpassung und Selbstbehauptung. Zur Haltung Hans Meisers im Nationalsozialismus
Prof. Dr. Carsten Nicolaisen, München

Diskussion

11.15 - 12.00 Uhr
Erinnerungskultur heute/Erinnern in der Bundesrepublik
Prof. Dr. Norbert Frei, Universität Jena

Diskussion

Mittagspause

13.30 - 13.50 Uhr
Der Umgang der Stadt Nürnberg mit ihrer NS-Vergangenheit – vom defensiven zum offensiven Erinnern – Thesen
Dr. Eckart Dietzfelbinger, Dokumentationszentrum Reichsparteitagsgelände

13.50 - 14.10 Uhr
Zur Ethik des politischen Gedenkens
Prof. Dr. Rainer Anselm, Lehrstuhl für Ethik an der Theologischen Fakultät
in Göttingen

Schlusswort
Prof. Dr. Gotthard Jasper, Universität Erlangen

Abschlussdiskussion

Ende gegen 15.00 Uhr

1

Umbenennung der Bischof-Meiser-Straße
hier: Frage der Dringlichkeit
Antrag von Herrn Stadtrat Beisig

B e s c h l u s s

des Stadtrates vom 24.01.2007

– öffentlich –

I.1. Der Antrag von Herrn Stadtrat Beisig, die Dringlichkeit der Sache zu verneinen,
      wird   **- mit 62 : 3 Stimmen abgelehnt -.**

2. Die Umbenennung der Bischof-Meiser-Straße wird als TOP 1 im Wege der
    Dringlichkeit behandelt.

II.   Referat VI

      In Abdruck:
      BgA
      SRD
      Ref. VIII

Der Vorsitzende:

Maly

Der Referent: Die Schriftführerin:

Braunigürtel

Nr. 8

1

Umbenennung der Bischof-Meiser-Straße

Beschluss

des Stadtrates vom 24.01.2007

- öffentlich -

- mit 62 : 4 Stimmen beschlossen -

I. 1. Die Bischof-Meiser-Straße wird in Spitalgasse umbenannt.

2. Die Verwaltung wird beauftragt, im Einvernehmen mit dem evangelischen
   Dekanat geeignete Formen zur Kommentierung und Dokumentation der
   Hintergründe des Vorgangs zu erarbeiten.

II. Referat VI

In Abdruck:

BgA
SRD
Ref. VIII

Der Vorsitzende:

Maly

Der Referent: Die Schriftführerin:

Braunngürtel

25/07/2007 11:28 5386 SRD S. 02/02

Evang.-Luth. Dekanat Nürnberg

Dokumentationszentrum

Eing. 2 5. JULI 2007

AGE

Evang.-Luth. Dekanat Nürnberg, Burgstraße 6, 90403 Nürnberg

Herrn Stadtrechtsdirektor
Dr. Hartmut Frommer
Rathaus
Hauptmarkt 18

90403 Nürnberg

Direktorium
Recht und Sicherheit
1 2. JULI 2007
Nr.

Ansprechpartnerin: Stadtdekan Michael Bammessel
Abteilung: Dekanat Nürnberg
Telefon: 09 11/2 14-1111
Fax: 09 11/2 14-1115
E-Mail: EvDekanat@t-online.de
Az/Zeichen:
Zustellungsart:

z. w. V.
z. Stellungnahme
z. Vorlage der Antwort

10.07.2007

Dokumentation zur Umbenennung der Bischof-Meiser-Straße

Sehr geehrter Herr Stadtrechtsdirektor Dr. Frommer,

nach einer letzten Klärung in der Juni-Sitzung kann ich Ihnen nun den endgültigen Beschluss des Dekanatsausschusses der Evang.-Luth. Gesamtkirchengemeinde Nürnberg mitteilen zur Frage der Kommentierung und Dokumentation der Umbenennung der Bischof-Meiser-Straße entsprechend dem Stadtratsbeschluss vom 24.01.2007.

Der Dekanatsausschuss hat in seinen Sitzungen vom 23.05.2007 und 19.06.2007 folgenden Beschluss gefasst:

1. Der Dekanatsausschuss befürwortet eine Dokumentation des Umbenennungsprozesses in schlichter, schriftlicher Form und möchte, dass diese Dokumentation in Zusammenarbeit mit dem Dekanat erstellt wird.

2. Der Dekanatsausschuss will, dass in Zusammenarbeit mit dem Landeskirchlichen Archiv eine Ausstellung entwickelt wird, in der die Rolle der bayerischen Kirche im Dritten Reich und die Aufarbeitung dieser Geschichte in den Jahrzehnten danach beleuchtet wird.

3. Die Anbringung eines kommentierenden Schildes in der Spitalgasse lehnt der Dekanatsausschuss ab, da dadurch die nötige Differenzierung nicht erreicht werden kann.

Zum Beschluss einige Erläuterungen:

Bei der in Punkt 1 genannten Dokumentation ist an ein Heft oder Buch gedacht, in dem die wichtigsten schriftlichen Beiträge aus der mehrmonatigen Umbenennungsdiskussion zusammengefasst werden. Hier sollte n. u. E. die Initiative bei der Stadt liegen, da es um die Dokumentation des Zustandekommens eines Stadtratsbeschlusses geht. Es ist jedoch sinnvoll, wenn die Erstellung der Dokumentation in Zusammenarbeit mit dem Dekanat erfolgt.

Bei Punkt 2 würde hingegen die Initiative bei der Evangelischen Kirche liegen. Wir würden dann unsererseits Einrichtungen wie das Doku-Zentrum um Mitarbeit und Unterstützung bitten.

Mit freundlichen Grüßen

Michael Bammessel / Stadtdekan

Verteiler:
Landeskirchenrat
Professor Dr. Gotthard Jasper

Dekanat Nürnberg

Nr. 10

Stegemann - Jasper

Gemeinsamer Entwurf vom 20.08.2006

Erläuterungsschild zur **dokumentierten Umbenennung** der Meiserstraße

Der Stadtrat von Nürnberg hatte 1957 diese Straße nach D. Hans Meiser (1881-1956), von 1933-1955 erster Landesbischof der Evangelisch-Lutherischen Landeskirche in Bayern, benannt. Nürnberg war seine Vaterstadt, hier ist er begraben. In der Bevölkerung ist er verehrt worden, weil er seine Kirche gegen den nationalsozialistischen Gleichschaltungsversuch erfolgreich verteidigte und in der Not der Kriegsjahre als Ort des Trostes und der Hilfe wirken ließ.

Der Stadtrat hat 2006 die Umbenennung der Straße für unvermeidlich gehalten. Meisers viederholte antisemitischen Äußerungen, die inzwischen bekannt wurden, erzwangen diesen Schritt, wollte die Stadt Nürnberg ihren Weg von der Stadt der antisemitischen „Nürnberger Gesetze" von 1935 zur heutigen „Stadt der Menschenrechte" glaubwürdig einhalten.

Aus dem Archiv des Dokumentationszentrums Reichsparteitagsgelände, Nürnberg

09/03/2007   08:39   +49-911-2315306   STADT NBG. - SRD   S.   01

SRD/En

Umbenennung der Bischof-Meiser-Straße
Besprechung bei SRD am 5.3.2007

I.

Teilnehmer:

- Herr Stadtdekan Bammessel
- Herr Stadtrechtsdirektor Dr. Frommer
- Herr Pfarrer Stöhr
- Herr Dr. Dietzfelbinger
- Herr Engelbrecht

Gegenstand der Besprechung war das weitere Vorgehen in Sachen der Umbenennung der Bischof-Meiser-Straße auf Grundlage von Pkt. 2 des Stadtratsbeschlusses vom 24.1.2007. Dieser beauftragt die Verwaltung, im Einvernehmen mit dem evangelischen Dekanat geeignete Formen zur Kommentierung und Dokumentation der Hintergründe der Vorgänge zu erarbeiten.

Zur Einleitung der Diskussion betonte Herr SRD, dass damit alle weiteren Schritte der Stadt unter dem Vorbehalt der Zustimmung des Dekanats stünden. Herr Dekan Bammessel sah dies ebenso und ergänzte, dass er auf Grundlage der derzeitigen Beschlusslage des Dekanatsausschusses einer Lösung, die sich in der Anbringung eines bloßen Hinweisschildes auf die Person Meisers und die Gründe der Umbenennung am Straßenschild erschöpfe, nicht zustimmen könne. Dies stehe allerdings nicht einem vorübergehenden neutralen Hinweis auf den bisherigen Namen der Straße entgegen.

Im Rahmen einer eingehenden Diskussion wurden die Vor- und Nachteile der verschiedenen Möglichkeiten einer Kommentierung und Dokumentierung des Umbenennungsvorganges abgewogen. Hierbei konnte über folgendes weiteres Vorgehen Einverständnis erzielt werden:

1. Die Stadt dokumentiert den Umbenennungsvorgang durch eine Publikation, welche sowohl das Jasper-Gutachten und die Vorträge der Fachtagung, als auch die Erörterung im Stadtrat der Öffentlichkeit zugänglich macht und als Grundlage für eine wissenschaftliche Aufarbeitung dienen kann. In diesem Zusammenhang ist zu prüfen, inwieweit nicht zumindest auch die in der Presse veröffentlichten Leserbriefe aufgenommen werden sollten. Über Auflage und Adressatenkreis wäre noch zu sprechen.
2. Die Kirche prüft eine Dauerausstellung, die sich mit der Rolle des Evangelischen Nürnberg im 3. Reich befasst. Diese könnte entweder im Neubau des Landeskirchlichen Archivs in der Veilhofstraße oder aber auch in einem Gebäude, dass mit der Geschichte der Kirche in dieser Zeit verbunden war, wie beispielsweise der Reformations-Gedächtnis-Kirche, ihren Platz finden. Bei der Erstellung der Ausstellung wäre die Kirche für Unterstützung durch die Stadt/das Dokuzentrum, insbesondere bei der didaktischen Aufbereitung, dankbar.
3. Herrn Dietzfelbinger wird im Benehmen mit SRD auf Grundlage der sog. Stegmann-Jasper-Hamburger-Entwurfs einen Vorschlag für ein mögliches Hinweisschild auf die

Nr. 11 b)

Straßenumbenennung entwerfen. Herr Dekan Bammessel betonte, dass er selbst sich einen entsprechenden Hinweis an geeigneter Stelle in der Spitalgasse (Arkaden des Heilig Geist Spital gegenüber der Dresdner Bank) vorstellen könne. Sobald ein neuer Textvorschlag vorliege, werde er mit dem Dekanatsausschuss klären, ob in dieser Form noch Bedenken gegen eine Dokumentation im öffentlichen Raum bestünden. Herr SRD und Herr Dietzfelbinger sicherten zu, bis zur nächsten Woche einen solchen Vorschlag zu übermitteln.

II. Herrn SRD

mit der Bitte um Kenntnisnahme.

III. Per Fax:

Evang.-Luth. Dekanat Nürnberg
Herrn Stadtdekan Bammessel

KuM/6
Herrn Dr. Dietzfelbinger

IV. Herrn OBM

zur Kenntnis.

V. SRD/En

Nürnberg, 5.3.2007
SRD
i.A.

Engelbrecht
5305

Nr. 12

+13: privates Bilderarchiv

Nr. 13

Die folgenden Bilder sind alle diesem Buch entnommen:

Heiwik, Hans, Er liebte seine Kirche – In Memoriam D. Hans Meiser, München, Evang. Presseverb., 1956

Nr. 14 a): Hans Meiser im Jahr 1913   **Nr. 14 b)**: Bischof Meiser (links) mit Dr. Hans Meinzolt

(Präsident der bayerischen Landessynode

1947-1959)

Nr. 14 c): Eine der letzten Aufnahmen von Bischof Meiser

6 Literaturverzeichnis

A. Primärliteratur

- Auszug aus der Nürnberger Stadtratssitzung vom 24. Januar 2007
- Brief der VVN-BdA an den Oberbürgermeister und an Stadträte (20.03.2006)
- Fax des Evangelisch-Lutherischen Dekanats Nürnberg an das Dokumentations-Zentrum (10.07.2007)
- Flugblatt der VVN-BdA zur Umbenennung der Bischof-Meiser-Straße
- Programm und Aufzeichnungen zur Fachtagung „Bischof Meiser aus der Sicht der heutigen Gedenkkultur" (20.Januar 2007)
- Protokoll der Besprechung bei Stadtrechtsdirektor Dr. Frommer am 05.03.2007 zum Thema „Umbenennung der Bischof-Meiser-Straße"
- Schreiben an die Mitglieder des VVN-BdA vom Januar 2007

B. Sekundärliteratur

- Baier, H., Kirchenkampf in Nürnberg 1933-1945, Nürnberg, Korn und Berg, 1973 (**Baier**)
- Berg, R., Selbmann, R., Grundkurs Deutsche Geschichte 2 – 1918 bis zur Gegenwart, Frankfurt am Main, Hirschgraben Verlag, 1987
- Boyens, A., Kirchen in der Nachkriegszeit: 4 Zeitgeschichtliche Beiträge, Göttingen, Vandenhoeck & Ruprecht , 1979
- Fichte, J. G., Sämtliche Werke - Band 6, Berlin, 1845-46
- Haberer, J., Er liebte seine Kirche. Bischof Hans Meiser und die bayerische Landeskirche im Nationalsozialismus, München, Evang. Presseverb., 1996
- Hanselmann, J., Ja, mit Gottes Hilfe, München, Claudius Verlag, 2000
- Heiwik, H., Er liebte seine Kirche – In Memoriam D. Hans Meiser, München, Evang. Presseverb., 1956
- Herold, G., Nicolaisen, C., Hans Meiser (1881-1956). Ein lutherischer Bischof im Wandel der politischen Systeme, München, Claudius Verlag, 2006
- Töllner, A., Eine Frage der Rasse? - Die Evangelisch-Lutherische Kirche in Bayern, der Arierparagraf und die bayerischen Pfarrerfamilien mit jüdischen Vorfahren im „Dritten Reich", Verlag W. Kohlhammer, o.O., 2007 (**Töllner**)

- 39 -

C. Zeitschrifen / Zeitungen

- Nürnberger Nachrichten, 24.05.2006
- Nürnberger Nachrichten, 04.08.2006
- Potzel, D., Der Theologe, Ausgabe Nr. 11: Evangelisch-Lutherische Kirche in Bayern: Der Antisemit Hans Meiser als erster Landesbischof, Wertheim 1999, zit. nach http://www.theologe.de/theologe11.htm, aufgerufen am 10.11.2007
(**Zeitschrift „Der Theologe"**)
- Sonntagsblatt – Evangelische Wochenzeitung für Bayern, Ausgabe 02 vom 14.01.2007
- Sonntagsblatt – Evangelische Wochenzeitung für Bayern, Ausgabe 05 vom 04.02.2007,

D. Internetseiten

- http://www.augustana.de/archiv/2006/20061129_FLZ_2.pdf, aufgerufen am 02.01.2008
- http://www.bayreuth.de/pressearchiv/4417/details_576.htm, aufgerufen am 04.01.2008
- http://www.bischof-meiser.de , aufgerufen am 04.12.2007
- http://www.br-online.de/bayern-heute/artikel/0707/18-meiser-strasse/index.xml, aufgerufen am 04.01.2008
- http://de.wikipedia.org/wiki/Bekennende_Kirche, aufgerufen am 25.12.2007
- http://de.wikipedia.org/wiki/Hans_Meiser_(Bischof)#Konflikt_mit_dem_Staat, aufgerufen am 27.12.200
- http://www.ekd.de/bekenntnisse/142.html, aufgerufen am 26.12.2007
- http://www.epv.de/node/2945, aufgerufen am 02.01.2008
- http://www.epv.de/node/2957, aufgerufen am 04.02.2008
- http://www.nuernberg.de/imperia/md/content/internet/internet_portal/teaser_pdf/gutachten_meiser_120706.pdf, aufgerufen am 15.11.2007
- http://www.sonntagsblatt-bayern.de/news/aktuell/2007_30_10_01.htm, aufgerufen am 04.01.2008
- http://www.theologe.de/theologe11.htm, aufgerufen am 10.11.2007
- http://www.ursulahomann.de/MartinLutherUndDieJuden/komplett.html, aufgerufen am 26.12.2007